# Inhalt

**Newplacement**

Kernthesen

Beitrag

Fallbeispiele

Weiterführende Literatur

Impressum

# Newplacement

M.Sydow

## Kernthesen

- Häufig ist eine Reorganisation oder eine drohende Insolvenz eines Unternehmens Ursache für eine Personalreduktion. (1), (4)
- Newplacement ist eine erfolgreiche Beratungsmethode bei einer anstehenden beruflichen Neuorientierung von gekündigten Mitarbeitern. (1), (2), (3)
- Unternehmen können mit Hilfe von Newplacement betriebsbedingte Kündigungen und eine Sozialauswahl vermeiden. (1)

## Beitrag

Newplacement oder auch Placement ist eine neue

Wortschöpfung für den Begriff Outplacement. Hierunter wird eine gezielte Beratung zur beruflichen Neuorientierung von gekündigten Mitarbeitern verstanden. Die dadurch entstehenden Kosten werden vom Arbeitgeber übernommen. (1), (2)

Eine entsprechende Trennungskultur ist für Unternehmen wie Mitarbeiter wichtig. Ein Fehlen dieser beim Personalabbau ist nämlich viel zu häufig Ursache einer Krise. Die Folgen sind für das Unternehmen in Form direkter Kosten wie Kündigungsschutzklagen oder höherer Abfindungen sofort spürbar. Indirekte Kosten dagegen entstehen beispielsweise durch Produktionsausfall oder Imageschäden. Um dies zu verhindern, sollten Führungskräfte nachstehende Maßnahmen und Regeln beachten. (2), (5)

Im Folgenden werden Argumente für eine Newplacement Beratung angeführt. Daran schließen eine Beschreibung der dadurch entstehenden Aufgaben für Führungskräfte sowie Formen und Phasen einer Newplacement Beratung.

## Gründe für ein professionelles Newplacement

Die Investition in eine Outplacement Beratung lohnt sich, wenn damit die Zufriedenheit der betroffenen Mitarbeiter erhöht werden kann. Dies hat wiederum Auswirkungen auf das Betriebsklima und damit unmittelbar auf Umsatz und Produktivität des gesamten Unternehmens. Hinzu kommt, dass durch ein schlechtes Arbeitsklima möglicherweise weitere wichtige Leistungsträger zu anderen Unternehmen abwandern. (1)

## Aufgabe der Führungskräfte

Eine entscheidende Rolle im Trennungsprozess spielt das Management. Oft wird von Führungskräften viel zu spät erkannt, was für Probleme während eines solchen Prozesses entstehen können. Führungskräfte sollten daher bereits vor Beginn einer Personalreduktion dahingehend geschult werden, ein adäquates Problembewusstsein für die anstehenden Prozesse zu entwickeln.

Zudem sollten Führungskräfte in den gesamten Prozess stark eingebunden werden. Nicht nur, um negativen Reaktionen vorzubeugen. Wichtig für das Unternehmen ist der richtige Umgang mit den sowohl scheidenden Mitarbeitern als auch mit den Verbleibenden. Eine offene Kommunikation über die

Gründe der Veränderung, Ziele und Absichten des Unternehmens sowie die spezifischen Pläne der Abteilungen fördern das Verständnis und das Sicherheitsempfinden aller Mitarbeiter. (1), (2), (5)

## Formen der Newplacement Beratung

## Einzelberatung

Eine Einzelberatung wird vorwiegend höher gestellten Führungskräften zuteil. Dabei wird unterschieden zwischen einer unbegrenzten und einer limitierten Einzelberatung. Erstere wird solange fortgeführt, bis der Mitarbeiter die Probezeit an seinem neuen Arbeitsplatz bestanden hat. Die zweite Variante ist limitiert auf maximal ein Jahr.

## Gruppenberatung

Tarifvertraglich gebundene Mitarbeiter sowie Mitarbeiter des mittleren Managements erhalten meist eine so genannte Gruppenberatung, die in der Regel zeitlich auf wenige Monate begrenzt ist. (4), (8)

# Phasen eines erfolgreichen Newplacements

## Managemententscheidung

In einer Vorbereitungsphase besprechen Führungskräfte einen anstehenden Trennungsprozess. Zunächst wird beispielsweise die davon betroffene Personengruppe betrachtet. Dabei sind nicht nur die gekündigten Personen selbst im Blickpunkt der Überlegung, sondern auch das hiervon betroffene Umfeld. Eventuell wird darüber nachgedacht, ob ein Psychologe ein so genanntes Auffanggespräch mit den ausscheidenden Mitarbeitern führen sollte. Ein geeigneter Trennungs-Workshop bereitet Führungskräfte gezielt auf diese Aufgabe vor. (1), (2), (7)

## Mitteilung der Entscheidung

Mitarbeiter reagieren verständlicherweise zumeist mit einem Schock auf die Nachricht einer Kündigung.

Emotionale Reaktionen sind hierbei als natürlicher Prozess anzusehen. In der Regel verlaufen diese Emotionen entlang einer so genannten W-Kurve, bei der Empfindungen mit dem Arbeitseinsatz korrespondieren. So sinkt die Arbeitsaktivität des Mitarbeiters bereits durch entstehende Gerüchte gegen Null. Nach Aussprache der Kündigung steigt kurzfristig die Leistung wieder an, da der Mitarbeiter mit Eintreten der Gewissheit des Arbeitsplatzverlustes zunächst die Tatsache der Kündigung verdrängt. (1), (2), (7)

## Betreuungsphase

Mitarbeiter werden von der Anfangsphase bis hin zur Neuplatzierung am Arbeitsplatz betreut. Hierzu muss der Mitarbeiter die gefallene Entscheidung zunächst akzeptieren. Nur so kann eine aktive Teilnahme an der Newplacement Beratung stattfinden. Es wird versucht, die erwähnte W-Kurve dahingehend zu beeinflussen, dass der Mitarbeiter schneller in die folgenden Phasen eintreten kann:

-Standortbestimmung
Der scheidende Mitarbeiter beschäftigt sich damit, seine eigenen Potentiale und Wünsche zu erkennen.
-Zielsetzung

Der Mitarbeiter steckt sich neue Ziele und definiert sein neues ideales Arbeitsumfeld. Danach werden passende Branchen, Unternehmen oder Positionen für den Mitarbeiter herausgefiltert.
-Bewerbung
Anschließend wird ein zeitlicher und inhaltlicher Plan für eine optimale Bewerbung erstellt. Hierbei wird vor allem die Bewerbungsform passend zum erwünschten Arbeitsumfeld gestaltet.
-Angebote
Der Mitarbeiter entscheidet sich für das beste der vorliegenden Angebote. Im Anschluss daran erfolgt eine systematische Vorbereitung auf das neue Aufgabenfeld. Diese Betreuung wird optimalerweise erst nach erfolgreichem Abschluss der Probezeit beendet. (1), (2), (3), (7)

# Fallbeispiele

Siemens setzt in einer eigens hierfür geschaffenen Unternehmenseinheit erfolgreich Qualifizierungs- und Outplacementmaßnahmen durch. Neben Einzelberatungen für höher Qualifizierte werden auch Gruppenberatungen angeboten. Etwa die Hälfte der Mitarbeiter, die in diese Einheit gewechselt haben, sind inzwischen in einem anderen Unternehmen beschäftigt. (4)

Microsoft Deutschland setzt seit Jahren einen fairen und transparenten Prozess mittels Leistungsbeurteilungen um. Danach werden die Leistungen eines Mitarbeiters mit dessen Vorgesetzten halbjährlich auf ihre Erfüllung hin überprüft. Zeigt sich nach einem Jahr kein sichtbarer Erfolg wird ein Improvement-Plan erstellt, welcher Weiterbildungsmöglichkeiten oder sogar eine Versetzung vorsieht. Anschließend wird nach einer vorgegebenen Frist Erfolg oder Misserfolg festgestellt. Hat der Mitarbeiter bis dato keine entscheidenden Fortschritte vorzuweisen, erfolgt ein Consulting-Out, wozu auch eine Outplacement-Beratung gehört. (6)

Alternative ePlacement: Hierunter wird eine Plattform verstanden, welche eine Virtualisierung von Outplacement-Beratungen ermöglicht. Auf diese Weise werden für das Unternehmen entstehende Kosten gesenkt. Gleichzeitig bietet die Kombination aus individueller und intensiver Betreuung Unternehmen die Möglichkeit, einer viel breiteren Schicht von Mitarbeitern eine qualitativ hochwertige Outplacementberatung zukommen zu lassen. (8)

# Weiterführende Literatur

(1) Erfolgreiches Outplacement - Qual der Wahl?
aus Arbeit und Arbeitsrecht, Heft 6/2004, S. 26-28

(2) Kunst der sanften Trennung - Outplacement durch Unternehmen
aus Betriebswirtschaftliche Blätter, Januar 2004, Nr. 01, S. 9

(3) Schmerzlose Trennung
aus werben & verkaufen Nr. 51 vom 19.12.2003 Seite 028

(4) Ludsteck, Walter, Outplacement, Training für den Weg zum neuen Job, Berater helfen bei Verlust des Arbeitsplatzes / Kein Privileg mehr für Manager, Süddeutsche Zeitung, 06.02.2004, S. 20
aus werben & verkaufen Nr. 51 vom 19.12.2003 Seite 028

(5) Beim Personalabbau leiden nicht nur die Gekuendigten
aus DVZ, Nr. 131 vom 04.11.2004

(6) Fördern oder feuern Oft verzichten Unternehmen auf Leistungsbeurteilungen. Wie Chefs gute Mitarbeiter aufbauen und schlechte fair verabschieden.
aus Capital vom 29.04.2004, Seite 72

(7) Erfolgreiche Neuorientierung erfordert eine Trennungskultur
aus Sparkasse, April 2004, Nr. 04, S. 178

(8) ePlacement Kosten sparen bei Personalabbau
aus Arbeit und Arbeitsrecht, Heft 2/2004, S. 24-26

# Impressum

## Newplacement

### Bibliografische Information der deutschen Nationalbibliothek

Die Deutsche Nationalbibliothek verzeichnet diese Publikation in der deutschen Nationalbibliografie; detaillierte bibliografische Daten sind im Internet über http://dnb.d-nb.de abrufbar.

ISBN: 978-3-7379-0169-7

© 2015 GBI-Genios Deutsche Wirtschaftsdatenbank GmbH, Freischützstraße 96, 81927 München, www.genios.de

Alle Rechte vorbehalten. Dieses Werk ist einschließlich aller seiner Teile – z.B. Texte, Tabellen und Grafiken - urheberrechtlich geschützt. Jede Verwertung außerhalb der Grenzen des Urheberrechtsgesetzes bedarf der vorherigen Zustimmung des Verlags. Dies gilt insbesondere auch für auszugsweise Nachdrucke, fotomechanische Vervielfältigungen (Fotokopie/Mikroskopie), Übersetzungen, Auswertungen durch Datenbanken oder ähnliche Einrichtungen und die Einspeicherung und Verarbeitung in elektronischen Systemen.